JN065550

家族で考えよう防災対策

自分の住んでいる地域で大地震や災害が発生した時、あわてずに行動できるように、日ごろから家族で防災について話し合っておきましょう。

ポイント1 避難所までの経路を歩いてみよう

自宅周辺の安全な場所や避難所などがどこにあるのか知っていますか？
近くの避難所まで、散歩をかねて歩いてみて、安全なルートを確認しましょう。

今日は、避難所までの道をみんなで確認しよう

保育園の防災訓練みたいでワクワクしちゃうわ

一番近くの避難所は、あの中学校だよ

あせらないで気をつけて歩いてね

周りにどんなものがあるかも覚えておくといいよ

チェック！

●自動販売機、公衆電話はどこにあるかな。
●がけやブロック塀など、危険な箇所はどこかな。
●オリジナル防災マップをつくろう。

ポイント 2 地域の危険箇所や防災情報をチェックしよう

ハザードマップやタブレットなどで、地域の危険な箇所や避難所までのルートを調べておきましょう。

集合場所を決めておくといいわね

家族が別の場所にいる時に災害が発生した場合に備え、連絡方法や集合場所を話し合っておくことも大切です。

ここの道は安全そうだね

ポイント 3 非常用持ち出し袋や防災用品を確認しよう

非常用持ち出し袋の中に何が入っているのか知らなければ、いざという時に役に立ちませんね。みんなで一緒に確認し、他に必要なものがあれば、プラスしておきましょう。

チェック！

ぼくのリュックには、タブレットも入れておこう

おかしやお人形も持っていっていい?

● すぐに必要になるもの、なければ困るものは何かな。
● 各自必要なものは自分のリュックにつめよう。
● 自分で背負って歩けるかな。リュックの重さを確かめておこう。

ポイント 4 キャンプ気分でローリングストックの味くらべ

常備してあるかんづめやレトルト食品などは、時々消費期限や味をチェックすることも大切。そんな時は、庭やベランダでアウトドアクッキング。キャンプ気分で試食会をしたら楽しいですよ。

チェック！

● 家族みんなが好きなものは入っているかな。
● 他にどんなものがあったらいいかな。
● 調理に必要なものは何かな。

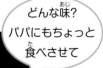

アウトドアグッズも大活躍！

カレー大好き！
おいしいね

どんな味？
パパにもちょっと
食べさせて

備えあればうれいなし

いざという時にすぐに行動に移せるように、日ごろから準備や心構えをしておくことは大事です。

地震や災害は昼間に起こるとはかぎりません。寝ている時にグラッときたらすぐに行動できるように、まくら元に自分用のリュックを用意しておく習慣をつけておきましょう。

チェック！

●ベッドの周りに落ちてきそうなものはないかな。
●洋服やくつなどは、ベッドのそばに用意してあるかな。

お役立ちアイテム　防災ベスト

非常用持ち出し袋（リュック型）は、各家庭に１つはあると思いますが、さっと着られて必要な小物をまとめて入れておける「防災ベスト」が便利です。

このままクローゼットにかけておけば、いざという時に便利ね

ポケットの多い、釣り用のベストも使えそうだね

市販の防災ベスト

防災ベストここが便利

防災用ホイッスル
声の代わりに大きな音を立てて救助を求めることができるので安心。

●ポケットがたくさんついているので、必要なものがすぐに取り出せる。
●両手が自由に使えるので、身動きがとりやすい。
●洋服の上に着れば、防寒着にもなる。

もしもの時に
あわてない
16の備えと知恵

遊びで 防災体験

① 楽しく身につく防災学習

聖徳大学 教育学部
児童学科准教授 **神谷明宏**

いかだ社

みんなで考えよう防災対策

　日本は昔から多くの自然災害に見舞われています。もし明日、あなたが地震や津波にあったとしたら、どのような「備え」ができていますか？

　なぜこのような質問をするかというと、人間は頭でわかっているだけでは、いざという災害時に行動に移すことがむずかしいからです。

　そこで、このシリーズでは「防災」ということはひとまずわきに置き、体験学習の理論にもとづいて、実際に体を使って楽しく遊びながら災害への「備え」の行動ができるようになることを目指して書きました。

　この巻では、自分たちの住んでいる地域のさまざまな防災対策をグループや家族で話し合いながら学び、より深めていく活動を紹介しています。

　具体的な活動の進め方に共通していることは、実際に町を歩き、自分の目と足でよく観察して記録することです。

　さらにみんなで集めた情報について話し合って1つにまとめ、その後で、おたがいに発表する流れで行うことです。

　こうすることで、自分が気づかなかったことを知ることができ、防災への備えが深まります。

　2022年　春　　　　　　　　　　聖徳大学　神谷明宏

もくじ
はじめに　6

わが町再発見！　防災マップをつくろう…………8

自分たちの住む町をチェック!!…………10

レポーターなりきりインタビュー…………12

◆コラム◆地名があらわす教訓と防災　13

避難所までの安全経路を確認しよう…………14

避難所までの安全経路探検にしゅっぱーつ!!……16

お役立ち機械や施設をチェックしよう…………18

◆コラム◆備えあればうれいなし　21

災害が起こったら、きみはどうする？…………22

家族で「もしも……」の時を話し合おう…………24

サバイバルゲームで生きぬこう！…………26

災害時用ピクトグラムクイズ…………28

覚えておくと便利なロープワーク…………30

ブルーシートのテントでおうちキャンプ…………32

２階からロープはしごで脱出！…………34

人を運び出す方法…………36

非常持ち出し袋チェック…………38

非常 食味くらべコンテスト…………40

◆コラム◆ローリングストックってなに？　41

防災かるたをつくろう…………42

家の中のレッドカード、イエローカード…………45

遊びながら防災意識が身につく
防災体験キャンプ プログラム…………46

わが町再発見！
防災マップをつくろう

自分たちの住む町を探検して、オリジナルマップをつくりましょう。ふだん通らない道に入りこむと思わぬ発見もあり、よいところ（強み）と、危険なところ（弱み）を確認できるかもしれません。

【用意するもの】

スマホ（インスタントカメラなど）　筆記用具　もぞう紙
＊町歩きをする時に白地図があると書きこみができて便利です。
　「まちたんけんキット」（ゼンリン、税込み1,100円）

① 1グループ5、6人で自分の住んでいる地域をまわり、町の強みと弱みを見つけて写真を撮ったり、スケッチをして記録する。

② もどったら、もぞう紙に町の地図を書き、そこにグループで撮影した写真や絵をはりつけ、コメントを書き入れる。

③ 各グループでつくり上げた地図を発表して、みんなで話し合おう。

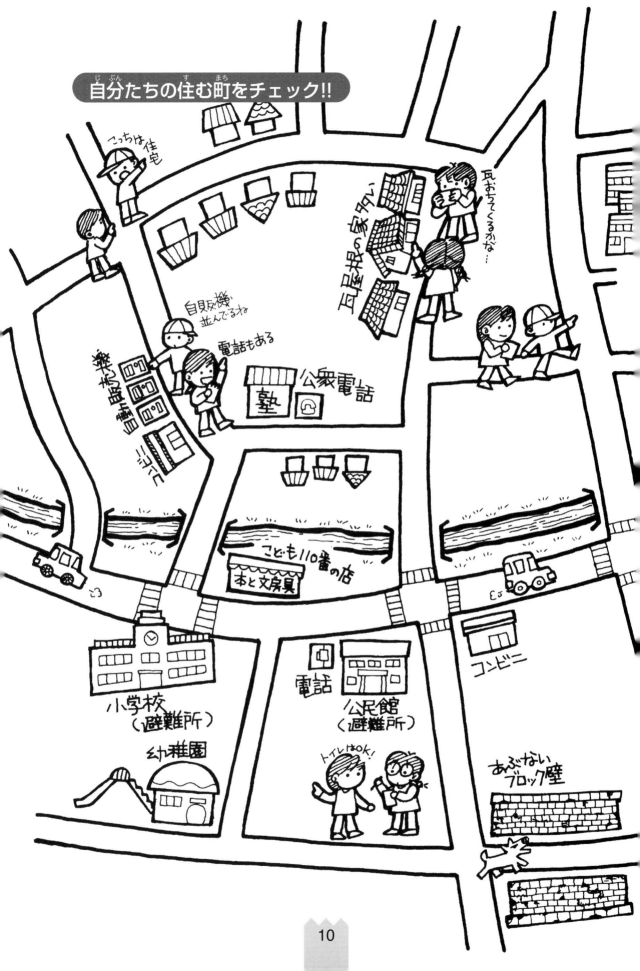

レポーターなりきり
インタビュー

◆ レポーターとは、現場に行って自分の見たこと感じたことを正確に伝える人のことです。あなた自身がレポーターになって、自分の町を取材してみましょう。

【用意するもの】
筆記用具　カメラ（スマホなど）　あればボイスレコーダー

遊び方

① 5、6人のグループで、地域のお年寄りや、寺の住職、神社の神主など、古くからその町に住んでいる人たちを訪ね、昔の自然災害について、体験したことやいい伝えられていることをインタビューする。

② インタビューして集まった内容を地図などに書きこみ、グループごとに発表する。

COLUMN
コラム 地名があらわす教訓と防災

　日本は海に囲まれ、多くの活断層の上にあるため、昔から数多くの災害を体験してきました。そのため過去の災害の教訓が地域の人々の間で伝承されています。

　子どもががけくずれの起きやすい場所に近づかないように、「その場所にムジナがいるから近づくな」というようないい伝えもあります。

　特に津波被害の多かった三陸地方には「津波てんでんこ」の教えがあり、家族は避難していると信じ、自分だけでも安全な場所へ避難する、と語りつがれています。

　伝承に限らず「このところより下に家を建てるな」という教訓が刻まれた石碑や、浪分神社という名前が残っている地域もあります。

　また、地名の由来も災害にちなんだ名前を地名につけることで、後世にその危険を伝える意味があることもあります。たとえば、水にちなんだ名前なら水害、蛇がつく地名は土砂くずれ、梅や宇目、馬などは埋め立て地で液状化などが考えられる場所である可能性があります。

避難所までの
安全経路を確認しよう

◆ 災害が起こった時、あなたは避難所まで安全に行けるで
しょうか。家族や友だちと実際に歩いてみて、どのよう
な道順で行けば、安全に早く避難所に到着できるかを考
えましょう。

【用意するもの】
メモ帳　もぞう紙　カメラ（スマホなど）

遊び方

① 5、6人でグループになり、1グループに1台のカメラを用
意する。

② 現在いる場所から避難所に予定されている場所まで、危険な
箇所（もの）をチェックしながら歩き、途中、危険な箇所を写
真に撮ったりして記録する。

③ グループごとにまとめて、もぞう紙に書きこんで発表する。

危険箇所チェックポイント

地震や台風、火事や水害などを思い浮かべ、災害別の安全な避難路を考えよう。

家からの場合、学校からの場合など、何通りか考えておくといいよ。

- ●ビルから落ちてくるガラス
- ●落ちてくる可能性のある看板
- ●くずれそうなブロックべい
- ●水があふれる川や水路
- ●倒れる鉄塔・電柱や電線
- ●落ちそうな植木鉢
- ●くずれそうながけや落石のありそうながけ
- ●家と家の間にはさまれたせまい道

> チェックポイントを参考に、
> 町を探検してみよう

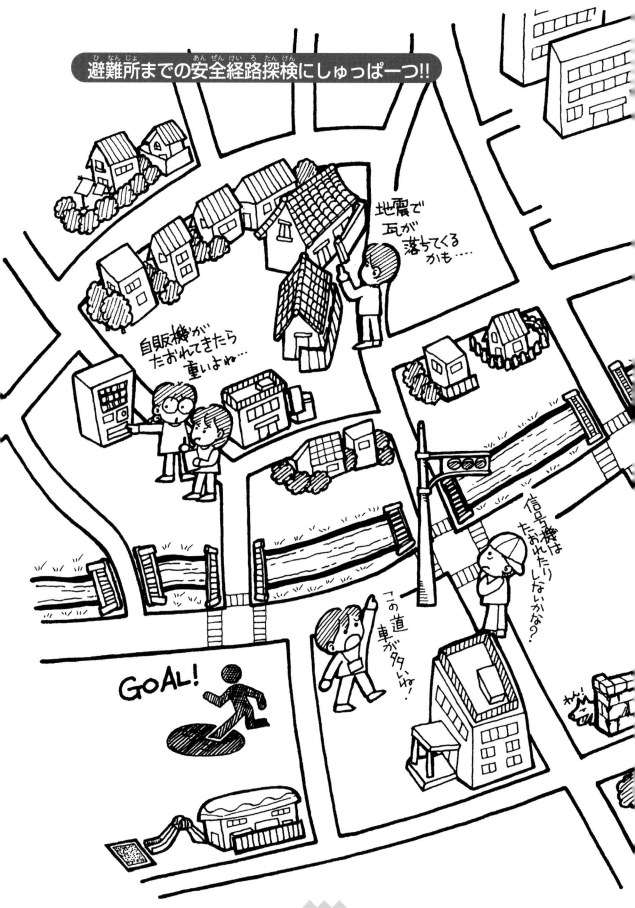

お役立ち
機械や施設をチェックしよう

◆ 町の中には災害時に役立つ機械や施設がいろいろ設置されています。いざという時に活用できるよう、設置場所をチェックしておきましょう。

【用意するもの】

もぞう紙　防災マップ　筆記用具　あればカメラ（スマホ）など
＊町歩きをする時に白地図があると書きこみができて便利です。
　「まちたんけんキット」（ゼンリン、税込み1,100円）

遊び方

① 5〜6人で1グループになって町を歩き、施設や機械がある
　 場所をメモしながら地図に書き加える。
② 写真を撮ったり、スケッチをしておく。
③ 取材したことをもぞう紙に書きこみ、発表する。

探す施設や機械は次のものを目安にしよう

●一時避難場所

避難場所へ移動する前に、近隣の人々が一時的に集まる小さめの防災の拠点の機能を持っている公園がある。

【一時集合場所】公園やグラウンド、神社の境内など

●広域避難場所

火災や津波などから身の安全を図るため複数の一時避難場所や避難場所から集まる。広い公園や大学など。

●防災公園

都市公園の一時避難地や広域避難場所に指定されている場所が多い。その中には防災の拠点の機能を持っている公園がある。

●避難所

一定期間、避難生活をする場所、地域ごとに指定されている公共施設など。

●子ども110番の家

それぞれの地域によって異なる表示だが、地域で子どもを犯罪から守る取り組みで、助けを求めてかけこむと、その家や店の人が110番通報してくれる。

●災害対応型自動販売機

大規模災害の発生時には飲み物を無料で提供する機能をもっている自動販売機。「災害救援ベンダー」「緊急時飲料提供ベンダー」というステッカーがはられている。

●災害時帰宅支援ステーション

徒歩で帰宅する人のため災害救助法が発令されると無料で利用できるようになる。

●AED（自動体外式除細動器）

傷病者を発見したら救急車を呼ぶことはもちろんだが、呼吸が停止して10分たってしまうと命が危うい。2分以内では90％、5分以内で25％が心肺蘇生法によって助かる。AEDは音声ガイダンスでだれでも使うことができる。

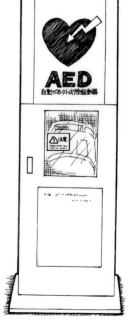

●公衆電話

災害救助法が出されると公衆電話は無料で使えるようになる。受話器を取り、ダイヤルするだけで使える。災害時につながりにくい携帯電話にくらべ、優先的にあつかわれるため、つながりやすいといわれている。

COLUMN
コラム　備えあればうれいなし

　昔は、寝る前には明日の着がえをまくら元にきちんとたたんで置いたものですが、洋式の生活になってベッドで寝ることが多くなってきた現在では、この習慣もだんだんとわすれられるようになりました。

　でも、もしもの時にすぐに行動できるように、まくら元に何を置いておくといいかなど、家族で考えておきましょう。

まくら元に用意したいものリスト
- 懐中電灯（停電でも安全に行動できる）
- 運動靴（ガラスや食器が床に散っていても安全に行動できる）
- 長ズボン・上着・くつしたなど（ポケットにハンカチ・ポケットティッシュも入れておくと便利）
- あれば便利なもの（防災ずきんやヘルメットなど頭部を守るもの）
- 非常持ち出し用袋は玄関に置くとよい。

災害が起こったら、きみはどうする？

危険予知訓練は、危険に対する感受性をするどくするためのもので「K（キケン）Y（ヨチ）T（トレーニング）」と呼ばれ、KYTと略されています。
災害時に自分の身を守るためには、危険を予知する力をきたえ、それに対応することが一番の対策です。

【用意するもの】
厚紙（災害カード用）　もぞう紙（KYT用紙用）　油性ペンなど

KYT用紙

	何がどうなる	その時の危険は	自分はどう対処する
1			
2			
3			
4			
5			

① 5人で1グループになり、グループ対抗戦で行う。

② 厚紙で「地震だ！」「雷だ！」「火事だ！」「津波だ！」「台風だ！」など、さまざまな災害を書いたカードをつくる。

③ 災害カードは1種目、あるいは関連する2種類くらいを1グループに1枚配る。

④ グループごとに、配られた災害についてどんな危険があるか話し合い、命に危険がおよぶような状況を5項目考える。

⑤ その5項目について「何がどうなるか」「その時、一番の危険は何か」「自分はどう対応するか」についてKYT用紙に記入する。

⑥ その5項目を元に、その時に自分がとる行動のスローガンをグループで考える。

⑦ 全グループがスローガンを書き終わったら、おたがいに発表する。

家族で「もしも……」の時を話し合おう

◆ 電気・ガス・水道が突然使えなくなったらどうしますか？
◆ 災害で停電や断水になると、今までできていた普通の生活
◆ ができなくなります。その時、どうすれば対応できるのか
◆ を家族で話し合ってみましょう。

【用意するもの】
マッチ　ライター　ろうそく　懐中電灯など　水　カップラーメン
はし・フォークなど　汚物用ビニール袋　凝固剤や吸収シートなど

遊び方

●停電になったらどうする？
　家じゅうの明かりを消す。その時にマッチやライター、ろうそ
　く、懐中電灯などをどのように使えば効果的かを話し合う。

●ガスが使えなくなったらどうする？
　お湯をわかせなくなったら、水だけでカップラーメンがつくれ
　るのかな。

●トイレの水が流せなくなったらどうする？
　便座を上げ、汚物用ビニール袋の口を外側に折りかえすように
　入れて座面ではさむようにして下ろす。その内側に個別使用に
　使うビニール袋に凝固剤や吸収シートを入れ、便座の上からお
　おう。使用後は、ビニール袋の口をしっかりしばる。

●この他にも、「もしテレビが見られなくなったら何して遊ぶ？」
　など、いくつも「もし○○が使えなくなったら」と考えて話し
　合おう。

停電した時には

ろうそくやランタンなどを、キッチンやトイレもふくめて、部屋の数だけそろえておきましょう。

ガスが使えなくなったら

カセットコンロは必需品です。カセットボンベといっしょに用意しておきましょう。ボンベは、2、3日で1本が目安です。

トイレの水が流せなくなったら

おふろのお湯は捨てずに、はったままにしておく習慣をつけておくと、水が流れなくなった時に役立ちます。

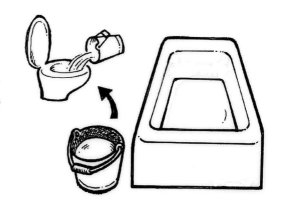

火災が発生したら

事前に家族で避難方法を話し合っておくことが大切です。煙をすいこまないように、あわてずに外に出ましょう。

25

サバイバルゲームで生きぬこう！

突然やってくる災害に対して、命を守れる安全な場所へ「避難できること」がもっとも大切です。日ごろから考えて行動することを心がけておきましょう。

【用意するもの】
画用紙または厚紙（災害カード用）　筆記用具　はさみ　カッターなど

遊び方

① いろいろな災害を書きこんだ災害カードをつくる。
② 家族やグループ（1グループ5、6名）で災害カードをひき、カードに書かれている災害の危険を考え、自分たちがとらなければならない行動も話し合う。
③ 話し合ったことを表にまとめる。

災害の例

1 　雷
2 　地震
3 　洪水（大雨洪水）
4 　がけくずれ（土砂災害）
5 　火災
6 　竜巻（竜巻注意報）
7 　噴火
8 　ゲリラ豪雨
9 　津波
10 　高潮（高潮警報）
11 　大雪

【サバイバルチェック表】

災害の例	その災害によって命が危なくなるのはなぜか	この行動をとることで命を守ることができる	どこへどのように逃げたらよいか
雷			
地震			
⋮	⋮	⋮	⋮

災害時用
ピクトグラムクイズ

◆ ピクトグラム（pictogramまたはpictograph）は「絵文字」とか「絵単語」と呼ばれ、何かの情報や注意を人々に知らせるための標識です。
ここでは災害時用のピクトグラムについてどのマークがどんな意味で使われているか考えてみましょう。

【用意するもの】
A4大にピクトグラムをコピーしておく

遊び方

① 5人で1グループをつくり、グループの対抗戦で行う。
② 用意したピクトグラムを全員に見せる。
③ 1人ひとりが意味を考えて、グループで討論する。

【ピクトグラム】

広域避難場所

火災時に限定された避難場所だけでなく、すべての災害避難時に適用されます。

避難所

災害発生時の避難場所ですが、災害の種類によって避難するべき避難所が異なるので注意が必要です。

津波避難場所

津波の被害から逃れられる高台の津波避難場所です。

津波避難ビル

近くに高台がない地域の場合、この表示があるビルに避難します。

洪水・内水氾濫

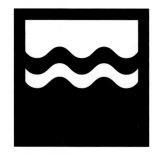

洪水や排水が間に合わず水があふれる可能性がある地域です。

津波・高潮

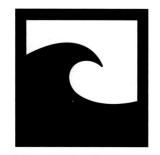

津波や高潮の被害がある可能性のある地域です。

津波注意

地震が発生した時に津波のおそれがある地域です。

土石流注意

土石流が起こる可能性がある地域です。

がけくずれ・地すべり

がけくずれや地すべりが起こる可能性がある地域です。

発展

グループで新たなピクトグラムを考えるゲームをしてみましょう。
実際に川崎医療福祉大学医療福祉マネージメント学部医療福祉デザイン学科では、岡山市消防局と共同で「防災教育チャレンジプラン」という授業で、防災時避難誘導用ピクトグラムをつくる活動を行っています。

覚えておくと便利な ロープワーク

◆ ロープワークの基本は、結びやすくてほどきやすいこと、
◆ 結び目が確実であること、目的に合った結び方であるこ
◆ とです。災害時に救助に役立つロープワークを覚えてお
◆ きましょう。

★使用前にロープの長さと強さを必ず確認しましょう！

フィッシャーマン結び

ロープとロープを結ぶ時便利です。太さの異なる
ロープを結んだ時にもほどけにくくなります。

① aのロープを絵のように結び、
　 bのロープに巻きつける。

② 巻きつけたaのロープを強くし
　 めて、こぶにする。

③ 横にbのロープを絵のように巻
　 き、こぶをつくる。

④ あとからつくったこぶも強くし
　 めて玉結びにし、両サイドのロー
　 プを外に向けてゆっくりと引く。

⑤ 結び目同士がくっつけば完成。

とめ結び・8の字結び

ロープのはしにこぶをつくり、ロープをにぎりやすくしたり、
ほつれどめとしても使えます。

●とめ結び

一番かんたんな結び方。太いロープに連続して結べば、こぶのある避難用ロープになる。

●8の字結び

こぶを大きくつくる場合は、数字の8に似ているこの結び方が便利。連続して結べば、避難用ロープにもなり、ほどくのもかんたん。

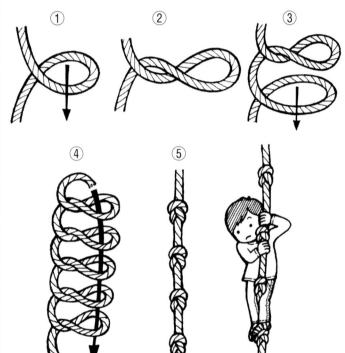

① ② ③

④ ⑤

もやい結び

輪がしまってこないので、子どもを安全につって、上げ下げする時に役立ちます。

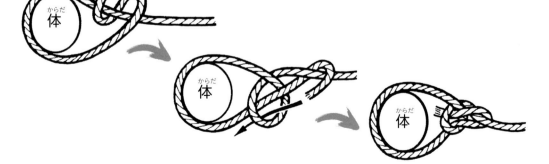

ブルーシートのテントで おうちキャンプ

◆◆◆ 庭やベランダにブルーシートを使った簡易テントをはり、避難生活の疑似体験をしてみましょう。 ◆◆◆

【用意するもの】
ブルーシートまたはシーツ
●1人用／1間（1.8m）×1間（1.8m）　●2人用／1.5間（2.7m）×1.5間（2.7m）
ロープまたは荷づくりひも　シーツ　石（固定用）　ダンボール

テントのはり方

① 1人用の場合は、次ページのようにベランダの手すりにかけたりすると、かんたんにテントができる。

② 2人用の場合は、下の絵のようにブルーシートのまん中に石を置いて、その部分をロープでしばり、反対部分を立ち木の枝などに引っかけて引っぱる。四隅を石などで固定して完成。

③ どちらの場合も下にダンボールをクッションとしてしくと寝心地がよくなる。

ハトメのない場合

この結び方を覚えておけば、ハトメ（シートにロープを結ぶための穴）がなくても大丈夫

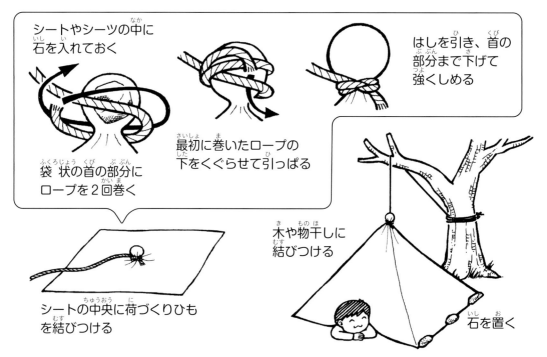

シートやシーツの中に石を入れておく

袋状の首の部分にロープを2回巻く

最初に巻いたロープの下をくぐらせて引っぱる

はしを引き、首の部分まで下げて強くしめる

シートの中央に荷づくりひもを結びつける

木や物干しに結びつける

石を置く

ベランダテント

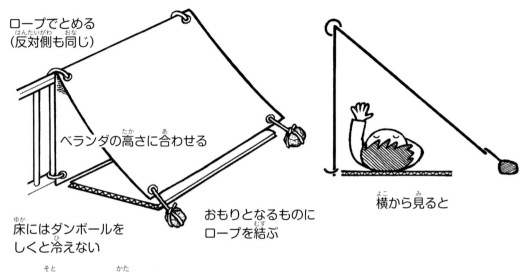

ロープでとめる
（反対側も同じ）

ベランダの高さに合わせる

おもりとなるものに
ロープを結ぶ

床にはダンボールを
しくと冷えない

横から見ると

外でのはり方

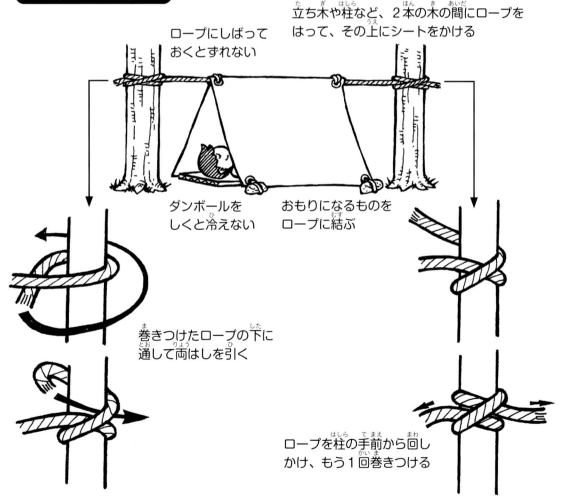

立ち木や柱など、2本の木の間にロープを
はって、その上にシートをかける

ロープにしばって
おくとずれない

ダンボールを
しくと冷えない

おもりになるものを
ロープに結ぶ

巻きつけたロープの下に
通して両はしを引く

ロープを柱の手前から回し
かけ、もう1回巻きつける

33

2階から
ロープはしごで脱出！

◆ 階段を使えなくなった時、2階から飛びおりてケガをし
◆ たら大変です。ロープのはしごづくりをマスターして、
◆ もしもの時に備えましょう。

【用意するもの】
長いロープ（長なわ以上の太さのもの）

つくり方

① よろい結びで、はしごをつくる。
② ドッジボール程度の大きさの輪をつくる。
③ 50 ～ 60cmぐらいの間隔で輪をつくっていく。
④ 絵のように、ベランダの手すりにしっかり結びつけ、輪に足
　と手をかけて下りる。

よろい結びの手順

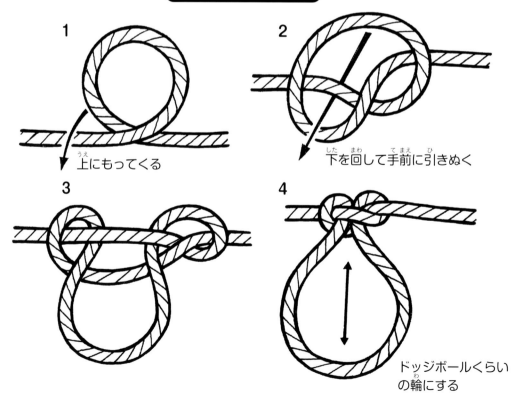

1　上にもってくる

2　下を回して手前に引きぬく

3

4　ドッジボールくらい
　の輪にする

34

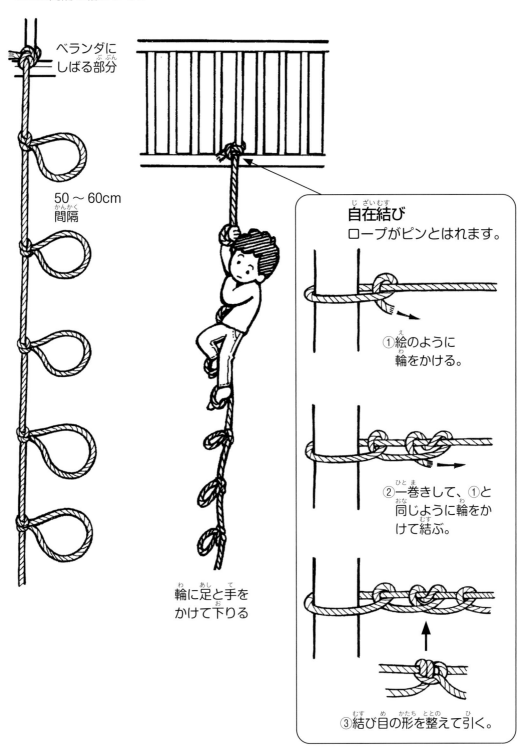

地上に届く長さまで、50 ～
60cm間隔で輪をつくる

ベランダに
しばる部分

50 ～ 60cm
間隔

輪に足と手を
かけて下りる

自在結び
ロープがピンとはれます。

①絵のように
　輪をかける。

②一巻きして、①と
　同じように輪をか
　けて結ぶ。

③結び目の形を整えて引く。

人を運び出す方法

●毛布を使って1人で運ぶ

◆ 自分より大きな人を背負って運ぶのはとても無理だとあきらめないで！　毛布が1枚あれば、あまり力を入れずにかんたんに運び出せる可能性があります。

＊大人がそばにいたら、助けを呼ぼう。

【用意するもの】
毛布またはシーツ　タオル

つくり方

① 意識を失っていたり、手足に力が入らない人の体は予想以上に重く運びづらいもの。
毛布やシーツで包むようにして引くと運びやすい。

② 毛布やシーツのはしをしばって玉状にすると、布が手からぬけない。

③ 毛布やシーツがなければ、両手をタオルでしばり、絵のように四つんばいになって引きずって運ぶ。

●担架をつくって2人で運ぶ

◆◆◆ 竹ざおが2本あれば、自分の着ているトレーナーや毛布
　　　などを使って、けがをしている人を運ぶことができます。 ◆◆◆

【用意するもの】
竹ざお2本　シャツやトレーナー　毛布　ひも

つくり方

① 2本の竹ざおのはしを絵のように
にぎり、もう1人の人が着ている服
をまくり上げて、竹ざおにかぶせる。
＊薄い服なら2、3まい重ねる。

② 反対側からも同じようにする。まん中
のトレーナーやシャツが合わさる部分は、
重ね合わせてぬけないようにする。

③ 毛布を使う場合は、絵のように竹ざおを置いて重ね合わせる。

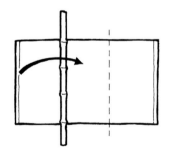 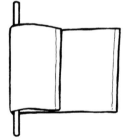 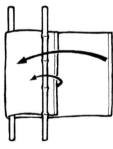

④ 運ぶ前にぬけないことを確認し
てけが人を乗せる。運ぶ時は足を
前方に寝かせ、ゆっくりと持ち上
げる。

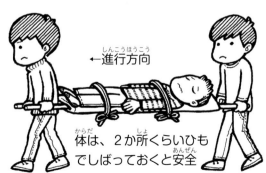

←進行方向

体は、2か所くらいひも
でしばっておくと安全

非常持ち出し袋
チェック

◆ 非常持ち出し袋や防災袋というと、市販のオレンジ袋や銀色のリュックを思い浮かべる人が多いと思います。でも、使いなれているリュックに自分が必要だと思うものをつめておいたほうが役立ちます。肝心なのは中に何を入れておくかを考えることです。

この遊びは正解があるわけではありません。家族で常に用意すべきものを考えることが目的です。

【用意するもの】
画用紙（中身カード用）

遊び方

① 非常持ち出し用中身カードを用意する。

② 家族で相談しながら、カードの中から必要最低限の物品を集める。

③ それぞれが集めた非常持ち出し用カードを発表し、なぜそれが必要かについて話す。

＊選んだものを自分が背負って歩くことができる重さかどうかを考えることが大切。

リュックばかりではなく、ポケットの多い防災ベストという手もある。防災リュックと合わせて使うと収容力がアップするよ

38

●非常持ち出し用中身カード

小さなカードをつくり、それぞれ1つずつ書きこんでおく。

水	ビニール製レインコート	折りたたみ椅子
携帯トイレ	カセットコンロ	マッチ・ライター
非常食	着替え	筆記用具
懐中電灯	タオル	ホイッスル
毛布	おやつ	ナイフ・缶切り
マスク	工具	やかん・なべ
ビニール袋	軍手	ろうそく
新聞紙	長靴	オモチャ
携帯ラジオ	ヘルメット	マンガ
スマホ	食器	帽子
歯磨き・歯ブラシ	箸・フォーク・スプーン	枕
ティッシュペーパー	コップ	レジャーシート
乾電池	トイレットペーパー	水筒
救急セット	テント	
ウェットティッシュ	折りたたみテーブル	

非常食
味くらべコンテスト

◆ 地震や豪雨のような災害時に備えて、それぞれの家庭で
◆ 1人が1週間は食べられる非常食を用意する必要がある
◆ といわれています。災害時だからおいしくない食事でもが
◆ まんして……と考えると元気も出てきませんね。
◆ 「災害時だからこそおいしいものを食べて元気を出そう！」
◆ と考えられるように、お料理コンテストをしましょう。

【用意するもの】
家庭にある賞味期限間近の食材

遊び方

① 各家庭に常備してある何種類かの非常食のうち、賞味期限
が切れそうな食材を持ちよる。

② 集まった食材を食べくらべ、どれがおいしいか、どのように
アレンジしたらさらにおいしく食べられるかをシェフ気分で料
理しランクづけをする。

次に補充する時においしいものを選ぶこ
とができるし、どんな調理道具が必要か
ということもわかるので一石二鳥だね

コンテスト採点表

種類	名前	味はどうか				つくりやすさ				用具 鍋とコンロと水
		◎	○	△	×	◎	○	△	×	
ごはん										
スープ										
おやつ										

COLUMN
コラム　ローリングストックってなに?

　ふだん使っているいつもの味、好きな味の食品を多めにストックしておき、使いながら、少なくなったら補充していくという方法です。使いながら備えるので、賞味期限が短い食品・飲料などでも安心です。

7日分のストック

古い物から食べる

食べた分を買い足し

常に7日分をストック!

防災かるたをつくろう

1人ひとりが感じている災害のこわさや気をつけたいことなどを言葉と絵にして、友だちや家族といっしょにオリジナルかるたをつくってみませんか。
くりかえし遊んでいるうちに、防災に関する知識や心構えが自然と身についてきます。

【用意するもの】
画用紙または厚紙　油性ペン・カラーマーカー・色鉛筆などの筆記用具
定規　はさみ　カッターなど

つくり方

① 画用紙（厚紙）で札をつくる。文字札、絵札合わせて96枚。
② 読み札（文字札）をつくる。右上に丸を書き最初の一文字を入れ、それぞれが考えた文を書く。
③ 取り札（絵札）をつくる。右上に丸を書き、取り札に合わせた絵を書く。

遊び方

① 取り札をバラバラにならべる。
② 読み手が読み札を読み上げ、取り札を参加者が取り合い、枚数を競う。

43

あ：あまびえは疫病を追い払う
　　かみさまだ

い：1週間、自分の食べ物用意して！

う：うそいつわりのデマの知らせに
　　迷わない

え：エレベーター、避難の時は
　　使わない

お：落ち着いて、駆けない避難が
　　パニック防ぐ

か：感染症、三蜜避けてマスクして、
　　手洗いうがいで防ごうね

き：緊急時、ふだんの準備が
　　ものをいう

く：暗闇もランタンの明かりで
　　心安らぐ

け：煙は天井側からやってくる

こ：困った時には大声出そう

さ：最初の一歩が身を守る

し：自分の命は自分で守る！

す：すぐ高台！地震の後に津波あり

せ：全部試そう防災用具

そ：備えれば何が起きても困らない

た：台風時、外出絶対やめようね

ち：地域の名前の由来を調べよう

つ：常に確認、非常口

て：伝言ダイヤル171、家族の
　　安全確かめる

と：トイレの我慢は命取り

な：何があっても72時間頑張ろう！

に：逃げ道はいつも片付けしておこう

ぬ：濡れた場所、感電注意！
　　触らない

ね：寝る前にベッドのそばには
　　懐中電灯・運動靴

の：飲み水は1日最低2.5リットルが
　　1人分

は：ハンカチはいつも身に着け
　　役立てる

ひ：避難経路を歩いてみよう！

ふ：不注意な慌てた飛び出し
　　ガラスに注意

へ：ペットの避難用具も忘れずに

ほ：防災キャンプでいざという時に
　　備えよう

ま：町の中、危険を常にチェックする

み：身に着けたホイッスルが身を守る

む：昔の教訓忘れない

め：面倒といわず周りの人に声かけて

も：「もどらない！」は命を守る合言葉

や：やめておく、ブレーカーの
　　スイッチ上げるのは

ゆ：揺り戻し、余震は何度もくりかえす

よ：夜の雨、水の深さがわからない

ら：雷鳴聞いたらすぐ避難

り：両手に軍手で安全確保

る：留守宅とわかる目印郵便受け

れ：連絡と集合場所を家族みんなで
　　話し合う

ろ：ロープワークが上手なら2階からの
　　避難も安全だ

わ：わっ地震！頭守ってダンゴムシ！

を：災害を予知することが防災だ

ん：ん？　川の水が急に濁ったら
　　上流氾濫すぐ逃げろ

家の中のレッドカード、イエローカード

◆ 家の中の安全について考える遊びです。家族で各部屋を回りながら、危険だと思う箇所にピンク色（レッドカード）と黄色（イエローカード）のふせんをはり、どのように危険なのか、対策を話し合いましょう。

【用意するもの】
ピンクと黄色のふせん（7×7cmくらい）　サインペン

遊び方

① 各部屋を点検する。危険箇所を見つけたら、すぐに対策し直したほうがよい場所にピンク色のふせん（レッドカード）をはり、すぐには直せないが早めに対策したほうがよい場所に黄色のふせん（イエローカード）をはる。

＊はったふせんには、「なぜ危険か」「どのように対策するとよいか」をサインペンで書きこむ。

② 書きこんだことがらについて、みんなで話し合う。

＊対策をした箇所のふせんははがし、対策していないものは、そのままはっておく。（常に意識しておき、対策することがねらい）

遊びながら防災意識が身につく
防災体験キャンプ プログラム

　もし、災害にあってしまった時、被災の初期段階では身の回りにあるものを使ってみんなで生活することが重要です。

　そんな時、役立つ技術はキャンプ体験の中に数多くあります。でも本当に大切なことは、特別な道具がなければできないということではなく、身の回りにあるものを工夫して使いこなすことのできる知恵です。

　この知恵をきたえるため、家庭や学童保育所や学校で遊びながら防災体験をするプログラムを紹介します。2巻・3巻で紹介している、かんたん料理やお役立ちグッズ、ゲームなどがもりこまれています。

 例1 日帰りデイキャンプ体験プログラム
幼児や小学校低学年に向いています。

時間	セッション	概要	準備するもの
	集合		
10：00	オリエンテーション	本日の予定を説明する	
10：30	災害時に役立つ技術（食事）	例）空き缶でのご飯たきビニール袋でのご飯たきなど	空き缶・新聞紙・ビニール袋・米・水・みそ　など
12：00	昼食	食器づくり	折り紙のお皿画用紙のおなべ　など
13：00	災害時に役立つ技術（救急）	例）ケガ人を全員で協力して運ぶ　など	竹ざお・毛布
14：00	ふりかえり	参加者みんなで感想を語り合う	
15：00	解散		

例2 **1泊2日キャンプ体験プログラム**

小学校中学年以上には1泊2日の体験プログラム
をおすすめします。
家族キャンプとしても楽しめます。

時間	セッション	概要	準備するもの
13：00	集合		
13：30	オリエンテーション	本日の予定を説明する	
14：00	寝床づくり	例）ダンボールミノムシ 　　ハウスづくり 　シートでの野宿 　テントづくり	ダンボール・ シートやシートロープ
16：00	照明道具づくり	例）懐中電灯のランタン 　空き缶のランタン 　フローティング 　　キャンドル	懐中電灯・ビニール袋・ 空き缶・サラダオイル・ ろうそく　など
17：00	夕食づくり 夕食	例）非常食味くらべ 　コンテスト	ローリングストックの 非常食
19：00	コンテスト発表	みんなの結果を発表し 　意見交換	
20：00	ランタン点灯 コンテスト	例）つくったランタンを 　ともして鑑賞する	
21：00	就寝		
6：30	起床・洗面		
7：00	朝食づくり	例）牛乳パックの 　　ホットドッグ 　紙袋の目玉焼き	牛乳パック・ ホットドッグの材料・ 紙袋・卵・塩・コショウ
8：00	朝食		
9：00	後片づけ		
9：30	ふりかえり	参加者みんなで感想を 　語り合う	
10：30	解散		

本書は、2022年３月小社より刊行された『いざ！に備える 遊びで防災体験BOOK』に
加筆し、図書館版として３冊に再構成、改題したものです。

●プロフィール●

神谷明宏（かみや　あきひろ）

聖徳大学教育学部児童学科准教授。東京・青山にあった「国立こどもの城」のプレイ事業部長として、児童館・放課後児童クラブ指導員に遊びのモデルプログラムの開発・研修を担当。現在は大学で教鞭を執るほか、こども環境学会副会長、NPO法人札幌市コミュニティーワーク研究実践センター理事、東京YWCA青少年育成事業部会委員、松戸市子ども子育て委員会委員・社会教育委員・松戸市協働のまちづくり協議会委員として幅広く活動する。

【主な著書】
『わくわくドキドキあそびランド』（共著・小学館）、『０〜３歳の親子あそび　ゆうゆう子育て』（共著・全国母子保健センター連合会）『子ども会ステップアップフォージュニアリーダース』（共著・全国子ども会連合会）、『子ども会ステップアップフォー集団指導者』（共著・全国子ども会連合会）、『活動意欲を高めるダイナミック野外遊び』（共著・フレーベル館）、『冒険心はじけるキャンプ-グループワークを生かした新しい野外活動-』（あすなろ書房）、『ふくしまっこ遊び力育成プログラム』（こども環境学会）、『できる！たのしむ！むかしのあそび全６巻』（小峰書店）など。

撮影協力●榎枝孝洋・敬子・奏太・実南／岩間結香／工藤遥香
イラスト●和気瑞江　　資料協力●日本標識工業会
編集●内田直子　　本文DTP●渡辺美知子

● 【図書館版】遊びで防災体験 ①楽しく身につく防災学習
●
● 2022年３月12日　第１刷発行
●
●
● 著　者●神谷明宏
● 発行人●新沼光太郎
● 発行所●株式会社いかだ社
●　　　　〒102-0072東京都千代田区飯田橋2-4-10加島ビル
●　　　　Tel.03-3234-5365　Fax.03-3234-5308
●　　　　E-mail　info@ikadasha.jp
●　　　　ホームページURL　http://www.ikadasha.jp/
●　　　　振替・00130-2-572993
● 印刷・製本　モリモト印刷株式会社
●
● 乱丁・落丁の場合はお取り換えいたします。
● ©Akihiro KAMIYA, 2022
● Printed in Japan
● ISBN978-4-87051-570-3
● 本書の内容を権利者の承諾なく、営利目的で転載・複写・複製することを禁じます。